Sempre al teu COSTAT

CARLOTA IGLESIAS
ÀNGELS RIBAS

EMMA REIXACH

Amb la col·laboració del poeta
XAVIER LÓPEZ

Perquè t'estimo.

TEMPS PER DIVERTIR-SE

BARCANOVA
EDITORIAL

Avui EN XAVIER I LA MARTINA FAN CAMÍ PER TORNAR A CASA I DEIXEN UN SENDER amb bocins de pastanaga PERQUÈ EN NUC NO ES PERDI...

Mentre un somriure de núvol
es dibuixa sobre la terra.

ES FA TARD I EN NUC NO HA TORNAT. La llum del dia comença a adormir-se i **LA MARTINA ENCARA ÉS A LA FINESTRA ESPERANT-LO**.

Hi ha dies que l'horitzó
es fa llunyà.

LA MARTINA ESTÀ MOLT TRISTA.

—ON ÉS EN NUC? QUÈ PASSARÀ SI NO TROBA EL CAMÍ PER TORNAR A CASA? Estarà bé?

—ESTIC SEGUR, segur, QUE TORNARÀ —li diu el seu pare.

Hi ha dies que t'abraço
i tot sembla senzill.

EL TROBO A FALTAR i, MALGRAT QUE NO HI ÉS, EL SENTO A PROP.

—PER QUÈ EM PASSA AIXÒ?

EL SEU PARE la mira tendrament i RESPON:

Hi ha dies que els nostres cors bateguen plegats.

—QUAN ESTIMEM ALGÚ, HI ESTEM UNITS AMB UN FIL INVISIBLE QUE MAI NO ES TRENCA, encara que estiguem molt lluny l'un de l'altre; per això sabem que no ha marxat.

—I QUÈ HI HA EN AQUEST FIL? —li pregunta amb ulls curiosos.

—TOT ALLÒ QUE T'AGRADA. Jo l'empleno de RECORDS i de RIALLES QUE EM DEDIQUES.

Hi ha dies que estan plens de besades.

—I què passa **SI UN DIA TU TE'N VAS I NO TORNES? AQUEST FIL ES TRENCARÀ?**

L'abraça molt fort i li xiuxiueja:

—**AQUEST FIL ÉS COM L'AMOR, ENS UNEIX I DURA SEMPRE**.

Hi ha dies que tu i jo sabem que estem junts.

—Ah, sí? **I COM SABRÉ QUE HI ETS SI NO ET VEIG?** —diu juganera.

—**PERQUÈ** quan tanquis els ulls **RECORDARÀS AQUESTES PARAULES**: **SEMPRE ESTARÉ AL TEU COSTAT**.

Hi ha dies que els ulls parlen i no calen les paraules.

EN NUC HA TORNAT perquè no es volia perdre aquest moment.

—Puc sentir-lo, **FINS I TOT NOTO ELS SEUS BIGOTIS!**

—Saps, Martina? **AVUI EN TINDRÀS PROU OBRINT ELS ULLS PER VEURE'L**.

—**ÉS AQUÍ!** —diu feliç la Martina.

Un somriure és una
de les formes més belles
que existeixen a l'Univers.

Et sembla bé que **LLEGIM UN CONTE**
I COMENCEM A SOMIAR?

LA PRIMERA PARAULA
AMB QUÈ S'INICIA M'AGRADA MOLT:
T'ESTIMO.

Hi ha dies que tu i jo som un sol poeta.

Avui ELS DOS PETITS TORNEN JUNTS.

EN XAVIER HA DIBUIXAT EL FIL PERQUÈ NO ES PERDIN.

Hi ha dies que el temps s'atura en un moment compartit.

Tant és com sigui el camí;

al final tots tornem a casa.

Suggeriments

Abans de la lectura

Sempre al teu costat és una història d'amor entre un pare i una filla. Personatges reals d'una història real. En Xavier ens explica en aquest conte que quan estimem algú hi estem units per sempre. Això és el que els passa a ell i a la seva filla mentre omplen els dies de moments inoblidables.

- Saps explicar un record bonic que hagis viscut amb algú que estimes?
- Hi ha cap persona amb qui et sents unit d'una manera especial?
- Tens cap amic que hagis deixat de veure perquè hagi marxat, hagi canviat d'escola o de ciutat?
- La Martina s'estima molt la seva mascota. En tens cap, tu? Saps fer una descripció de com és?

Després de la lectura

- Què creus que sent la Martina quan pensa que en Nuc s'ha perdut i ja no el veurà mai més?
- La Martina recorda coses boniques viscudes amb en Nuc per sentir-se millor. Creus que és una bona idea recordar els que estimem per no estar tristos?
- El seu pare li explica que mai no se sentirà sola perquè sempre portem aquells que estimem al cor. Saps què significa la frase «estem lligats amb un fil invisible»?

El paper utilitzat en aquesta edició compleix
els requisits mediambientals FSC, que garanteixen
un circuit sostenible en tota la cadena de producció.

Text de Carlota Iglesias i Àngels Ribas
Web de les autores: www.ninsclub.cat
Il·lustracions d'Emma Reixach

Mallorca, 45, 4a planta. 08029 Barcelona
Telèfon 932 172 054. Fax 932 373 469
barcanova@barcanova.cat
www.barcanovainfantilijuvenil.cat

Projectes: Sara Moyano
Coordinació d'aquesta edició: Emma Estañol
Disseny de la col·lecció i maquetació: Laura Rodríguez

Primera edició: setembre de 2015

ISBN: 978-84-489-3843-7
DL B. 20496-2015

Printed in Spain